AF603193

DE L'ORGANISATION

DES

MUSÉES NATIONAUX

PAR

HORSIN DÉON
Président de la Société des Peintres restaurateurs.

PARIS
IMPRIMERIE BONAVENTURE ET DUCESSOIS,
55, quai des Grands-Augustins.

1849

PRÉAMBULE.

Au moment où la Révolution est venue mettre tout en question dans l'Administration des Musées, j'avais pensé, avec tous ceux qui s'occupent de la conservation des tableaux, que cette Révolution qui devait redresser tous les torts, remettre chacun à sa place, appellerait dans la nouvelle Administration tous les hommes que leurs lumières et leurs talents spéciaux désignent à ces emplois.

J'avais pensé que la place de Directeur devait être

donnée comme distinction honorifique à l'un des amateurs les plus éclairés et les plus dignes. La patrie doit bien quelque reconnaissance à ceux qui disposent si noblement de leur fortune.

Je croyais aussi que l'emploi de Conservateur était destiné à récompenser les experts ou les restaurateurs de leurs bons services, je dirai même que cette pensée était une consolation pour nous, qui perdions au moins temporairement tous nos moyens d'existence.

Il n'en fut pas ainsi. Ce qu'avait commencé la bureaucratie du dernier règne, la bureaucratie de la Révolution l'a achevé avec éclat. Elle fit maison nette, Directeur, Conservateur et Restaurateurs, tout reçut impitoyablement son congé. Les favoris du nouveau régime s'installent à leur place dans l'intérêt de l'art, bien entendu, et du Trésor, dont ils accusent leurs prédécesseurs d'avoir gaspillé les fonds. Et pour obtenir ces résultats, les conservateurs sont presque doublés; au lieu d'un expert à 1,200 fr. d'appointements, on y met quatre peintres inspecteurs à 6,000 fr., et afin d'équilibrer le budget, on eut l'heureuse idée, non de supprimer les restaurateurs, mais de faire un concours dont on prolongera la durée le plus possible : six mois de concours, un an pour le jugement, font dix-huit mois... c'est toujours cela de gagné. Bien entendu qu'aucune indemnité ne leur est accordée. Fi donc! s'ils peignaient une république rouge, à la bonne heure.

Pendant ce temps les tableaux se détruisent. Qu'importe, les feuilletonistes sont des amis. Et les gens qui connaissent quelque chose à tout cela sont en petit nombre, le bruit les effraie, en faire beaucoup c'est les faire taire.

Eh bien, moi, qui ne sais rien, rien qu'aimer les tableaux et faire un peu de peinture, j'entreprends de rappeler qu'il existe des hommes auxquels appartient la succession des prédécesseurs leurs confrères qui ont fondé et organisé les Musées nationaux avec un dévouement et un désintéressement dignes de la reconnaissance de tous les hommes de cœur.

COUP-D'ŒIL

SUR LA FORMATION DU MUSÉE DU LOUVRE.

Lorsqu'en 93 la Convention décréta l'organisation d'un Musée, elle fit appel aux hommes les plus compétents d'alors. Ce furent : Lebrun, peintre, expert, marchand de tableaux, d'un grand savoir, dont les jugements font autorité encore aujourd'hui ;

Dufourny, architecte, et Morel d'Arleux, tous deux amateurs des arts;

Aubourg, antiquaire, dont les connaissances et le savoir étaient d'une étendue rare.

Lebrun était en outre chargé de la direction des

restaurations. Mais grand fut son embarras pour réunir le personnel nécessaire.

La tourmente révolutionnaire avait dispersé les artistes en ce genre. Il fit un rapport au ministre Rolland, qui, sur sa demande, ouvrit un concours, duquel il ne sortit qu'un seul homme réellement capable; ce fut Reizer, qui, se multipliant, parvint à former quelques hommes.

C'est au travail opiniâtre, c'est au dévouement vrai de ces cinq hommes que nous devons d'avoir rassemblé tous nos tableaux épars, d'avoir classé et catalogué toutes nos conquêtes artistiques. Il ne s'agissait pas alors, comme aujourd'hui, de chercher des documents, compiler les notes des prédécesseurs, et passer des mois entiers à faire vanter dans les journaux un travail qui n'arrivera peut-être jamais à bonne fin. En quelques semaines il fallait juger, classer, cataloguer, et exposer ces trophées de la victoire.

Puis, vint Bonaparte, l'homme d'ordre, le grand organisateur, qui, avec le tact qui le caractérise, vint substituer la régularité à la diffusion d'une commission artistique, ne reposant que sur le bon vouloir d'hommes d'action. Il comprit l'importance et l'avenir d'une administration telle que celle du premier Musée du monde. Il savait aussi que l'on peut être excellent ministre et n'entendre rien aux arts. Il voulait avoir là, sous sa main, un assemblage d'hommes d'un goût épuré, des amateurs nés, des hommes, en un mot, dont les connaissances toutes spéciales commandassent une entière confiance.

Pour directeur, il choisit M. Denon, amateur dans toute l'acception du mot, préférant la richesse de son cabinet à la sienne propre. Artiste distingué, son voyage en Égypte est là pour le prouver, aussi jaloux de l'amitié des vrais artistes qu'il était heureux de posséder leurs œuvres, sans préjugés d'école, comme sont tous les amateurs dignes de ce nom, il était sans cesse à la recherche de ce qui pouvait contribuer aux progrès des arts et au bonheur des artistes.

Pour secrétaire-général on lui adjoignit M. Lavallée, écrivain et amateur distingué, dont les œuvres donnent de lui une haute idée;

M. Debune, seul commis ;

Lebrun, expert, directeur des restaurations;

Aubourg, conservateur des antiquités ;

Morel d'Arleux, conservateur des dessins;

Enfin, Dufourny, architecte.

Ces hommes constituèrent définitivement nos différentes collections. Leurs travaux furent immenses. Des milliers d'objets d'art furent remis dans un état parfait.

Sous leur administration, la restauration fit des prodiges d'habileté et de perfection.

Les ateliers du Louvre eurent une réputation européenne. Les plus beaux tableaux du monde leur doivent leur conservation.

L'émulation était partout. Les ateliers des artistes se peuplaient d'hommes dont la France devait bientôt s'enorgueillir, car ce Musée, né avec la Révolution où nos armes victorieuses avaient assemblé les dépouilles de l'Europe vaincue, était là comme le plus vaste moyen d'instruction que le monde pût offrir aux artistes.

La Restauration arriva. Avec elle les alliés, qui reprirent ce que nos armes leur avaient enlevé. Les Rubens retournèrent à Anvers ; Raphaël à Rome, etc.

Cependant notre Louvre, quoique veuf de tous ces chefs-d'œuvre, n'en resta pas moins le Musée le plus complet et le plus riche du monde. Le seul changement qui s'opéra dans l'Administration fut celui de

M. Denon, auquel on substitua un grand seigneur, M. de Forbin, artiste distingué, mais n'ayant aucun des goûts de l'amateur curieux.

Rendons au gouvernement d'alors la justice de dire qu'il conserva experts et restaurateurs, et employés de toutes sortes, quoiqu'il connût parfaitement les opinions toutes démocratiques de la plupart d'entre eux. La mort seule les fit remplacer. Ce n'est qu'après qu'elle eut frappé, que nous trouvons des hommes nouveaux, tels que le vicomte de Senone, secrétaire-général, Lafontaine, Perignon, Bonnemaison.

La seule innovation fut la création d'experts honoraires, n'ayant aucune fonction au Musée, titre qui ne fut accordé que par la faveur, et qui fut toujours plus ou moins mal porté. De là toutes sortes de protestations contre eux.

Les restaurations restèrent toujours sous la direction d'un restaurateur habile, qui, marchant de concert avec les experts, maintint aux ateliers du Louvre cette haute renommée justement acquise.

Puis, vint la Révolution de 1830. Ici, tout change d'aspect. D'abord, on conserva directeurs et experts. La bureaucratie s'augmentait de jour en jour.

M. Debune, qui primitivement était le seul employé, se trouva alors chef de bureau avec huit ou dix commis. M. de Cayeux, secrétaire, avec secrétaire, fu réellement directeur, quoique M. de Forbin le fût de nom. Les amis des amis arrivèrent en foule. Les artistes assiégèrent les places. M. Granet est nommé conservateur. M. Aubry fait savoir dans un journal que sa vue ne lui permettant plus de peindre la miniature, il daigne prendre la place de directeur des restaurations.

La paix publique donnant loisir au roi, il se pique d'être amateur. Dès-lors tous ces Messieurs des bureaux deviennent des connaisseurs !

Les experts ne sont plus que des êtres incommodes, car ils ont conscience de leur savoir ; mais on ne peut s'en débarrasser. Un inventaire est commencé, il faut qu'il soit terminé. On supplie, car on a hâte d'en finir avec eux.

Henry, homme d'un grand savoir, Perignon, que nous aimons et estimons tous aujourd'hui, restèrent seuls. Mille tracasseries leur étant suscitées, Perignon donna sa démission. Ce fut en ce temps que Louis-Philippe rêva son Musée Espagnol. Les experts n'étant plus à l'ordre du jour, un homme de beaucoup d'esprit fut envoyé dans la patrie de Murillo et Velasquez. Il y acheta une grande quantité de toiles, de panneaux de toutes dimensions. Mais hélas! M. Taylor, vous aviez des yeux de peintre, non de connaisseur! Comparez, je vous prie, les tableaux rapportés à Louis XVI par Paillet, et dites si le simple et modeste spéculateur ne s'est pas un peu mieux acquitté de sa mission?

Dois-je parler de Versailles? Quoique Musée historique, si l'on s'était entouré d'hommes compétents, n'est-il pas vrai que l'on eût pu trouver les originaux de cette masse de portraits anciens et modernes, sans qu'il en eût coûté davantage? Vous disiez : « Il faut faire travailler les artistes. » Rien de plus juste, mais alors il fallait les rétribuer et les choisir, car l'État ne doit d'encouragements qu'au talent naissant ou fait. Est-ce donc encourager les artistes que de les payer moins que ne le fait le marchand de la rue des Lombards?

Bien des récriminations se sont élevées contre cette Administration. Plus d'un feuilletoniste a accusé à tort et à travers, sans jamais frapper juste. Ce qu'il fallait dire, Messieurs, c'est qu'à chose spéciale il faut des hommes spéciaux. Vous avez sans cesse attaqué les restaurateurs du Musée, et je vous ai entendu vanter Fontainebleau! Dites-moi, je vous prie, où connaissez-vous de plus pitoyable besogne (comme restauration)? Pour moi, je ne connais rien qui puisse s'y comparer.

Ce gouvernement n'est plus, on a fait table rase de toute l'ancienne Administration. Notre Musée est tombé définitivement entre les mains des artistes et des gens de lettres. Consolez-vous, monsieur Taylor, vous pourrez bientôt vous dire : Ceux-là en on fait bien d'autres! avec leurs quatre peintres inspecteurs à 6,000 fr. d'appointements.

DE L'ORGANISATION DU MUSÉE.

Une des causes qui amènent la démoralisation de notre société, et qui doit l'affaiblir de jour en jour, dans un pays comme le nôtre, où un homme n'est posé que par un emploi ou par la fortune, c'est certainement l'usurpation que font aux hommes spéciaux les hommes de partis ou les favorisés.

Chaque catégorie de travailleurs doit avoir son bâton de maréchal : pour les artistes, l'Institut ; pour le commerce des arts et ses amateurs, l'Administration des Musées. C'est une récompense qu'un bon gouvernement doit promettre à celui dont la carrière fut honorable et laborieuse.

Bonaparte l'avait bien compris, en composant l'Administration de nos richesses artistiques d'après ce principe. Il eut plus d'une occasion de s'en applaudir. On peut, comme exemple, se rappeler le Corrège que l'Institut avait proclamé être le plus beau que ses membres eussent vu. Déclaré par le Conseil du Musée une copie, belle, il est vrai, mais enfin une copie, le Gouvernement ne fit pas cette acquisition, et la suite prouva qu'il eut raison.

L'Administration fut composée ainsi :

Un amateur distingué, directeur.

Un amateur, homme de lettres, secrétaire.

Un expert, artiste, conservateur.

Trois commerçants, experts.

Un restaurateur, directeur des restaurations.

Les restaurateurs.

Une Administration ainsi composée devenait un aréopage devant lequel nul n'osait élever la voix. Ses jugements recherchés et acceptés rendaient les transactions faciles, leur arbitrage faisant cesser toute incertitude.

Du Directeur.

Il doit être avant tout amateur curieux, non de ceux qui se posent, mais un de ces hommes qui ont mis leur bonheur dans les productions des arts; de ces amateurs naissant collecteurs, et qui meurent en dissertant sur les beautés d'un Claude, d'un Rubens.

Bientôt notre galerie deviendra son cabinet, il s'identifiera avec elle, son honneur sera le sien; toutes ses préoccupations seront d'en faire valoir les beautés en en dissimulant les parties faibles. Aussi jaloux d'elle que d'une épouse chérie, il ne souffrira aucune atteinte à son honneur; aimant les autres Musées sous sa direction, comme un père aime ses enfants, ses soins ne leur failliront pas.

Devant faire les honneurs de nos collections, il doit être homme du monde et de la meilleure compagnie. Les notabilités artistiques, scientifiques et toutes les sommités, le visitant souvent, il doit posséder des connaissances générales sur tout ce que la galerie renferme, et de positives, au moins pour les tableaux, afin que tous les Étrangers emportent une haute opinion du représentant des arts et des amateurs de notre beau pays. Administrateur sage et clairvoyant, il faut qu'il sache distinguer dans la foule des solliciteurs, et même en dehors d'eux, les hommes spéciaux, d'un talent vrai, de ces hommes dont les travaux honorent ceux qui les emploient.

Que toute dépense ait une utilité réelle. Qu'il laisse à ces artistes bourgeois le velours et l'or : un Hobbema brillera plus dans la galerie que cent mille francs d'oripeaux.

Du Conservateur.

Dans le choix d'un conservateur, il faut une attention toute particulière. En lui, on doit trouver de hautes connaissances, de celles qu'une longue expérience peut seule donner. Entre ses mains est remis un dépôt sacré, une des richesses du pays, tant enviée des autres nations. Il faut qu'il prévoie tous les accidents, qu'avec une sollicitude particulière il fasse porter le secours de l'art aux chefs-d'œuvre qui annoncent quelque détérioration. Mille causes peuvent amener la ruine d'un tableau. Il faut qu'il les connaisse toutes afin de l'en préserver; il faut qu'il sache la place que doit occuper tel ou tel tableau, car si la lumière est nécessaire à celui-ci, celui-là demande le mystère. L'opposition d'un tableau noir au centre de brillants détruit l'harmonie de l'un et rend les autres blafards.

Il faut qu'il soit homme d'un goût éclairé, sous peine de voir notre galerie transformée en habit d'arlequin.

Qu'il soit un appréciateur distingué, ayant voix délibérative dans le conseil des experts.

Puis, dans l'organisation de la collection, nous ne devons plus nous exposer à voir les plus beaux Wouvermans, les Vanden-Velde, etc., relégués au troisième rang, tandis que les Bartholomé Breenberg s'ébattent dans une des plus belles places de la galerie.

Ayant sous sa gérance la restauration, il en doit au besoin remplacer le directeur; connaître cet art et toutes ses ressources, et les capacités de tous ses administrés afin de les utiliser avec fruit.

Les Experts.

Depuis qu'en France l'esprit de corps a disparu, dans toutes les carrières artistiques des parleurs se sont glissés. Apprenant en véritables perroquets tous les termes du langage artistique, épiant et enregistrant toutes les idées des hommes distingués dans ces carrières, ils s'en vont, se parant ainsi des plumes du paon, trôner dans les salons, faisant et défaisant les réputations.

Dans la curiosité, ils poussent leurs prétentions un peu plus haut : à les entendre, eux seuls connaissent et peuvent apprécier le mérite d'un tableau. En dehors d'eux, nulle connaissance n'est positive, tout est tromperie ; aussi ne manquent-ils jamais d'offrir leurs bons offices au novice qui veut bien dans ses acquisitions les écouter ; mais, quant à eux, soyez bien sûrs que jamais ils n'oseront acheter un tableau à l'amiable, ils doutent par trop de leurs hautes connaissances. Dans les ventes, là, ils ont la parole, et élèvent très-fort la voix, car avant, ils ont écouté aux portes.

Ces hommes, doués de l'aplomb que donne la fortune ou le pédantisme, se sont emparés de l'esprit public, jalousant tout ce qui leur porte ombrage, pesant de tout leur poids sur les hommes d'un savoir véritable ; aussi sont-ils fort empressés à produire la médiocrité.

Mais franchissons cette barrière, laissons de côté ces soi-disant amateurs, et après eux, vous rencontrerez des artistes qui, trompés d'abord sur leur véritable destinée, avaient rêvé la gloire ; puis, reconnaissant en eux, non le feu sacré, mais l'amour des arts, le goût du beau, ils ont compris qu'ils n'étaient qu'amateurs. Alors, acceptant franchement leur destinée, sans fortune, il fallait vivre en s'entourant de ces productions qui font leur bonheur, ils se firent spéculateurs.

Ne croyez pas rencontrer en eux que des âmes viles et cupides, comme le disent leurs, encore plus vils, détracteurs. L'amour du savoir, l'orgueil de posséder le plus de chefs-d'œuvre possible, sont pour eux les jouissances les plus douces et un stimulant plus puissant que la cupidité.

C'est parmi eux qu'il faut choisir les experts. C'est à eux que l'on doit la formation du Musée et sa conservation; c'est eux qu'il faut appeler et non des peintres, que non-seulement on paie trois fois plus que des experts, mais qui sont dans l'impossibilité de rendre aucun des services de ceux-ci. La vie de l'homme ne suffit pas pour connaître et étudier les différentes écoles et le nombre considérable de maîtres qui les composent. Comment se pourrait-il que des artistes qui n'ont jamais fait d'études sous ce point de vue pussent les remplacer? Non-seulement l'expert doit, en voyant un tableau, dire quelle est son école et le nom du maître, l'époque de son talent, mais encore pouvoir établir l'état dans lequel se trouve le tableau; s'il est plus ou moins conservé, reconnaître les parties restaurées et les maladies qui doivent amener sa destruction, et préciser sa valeur au cours du jour[1]. Dans le monde, on croit généralement qu'un tableau est une valeur toute relative, et que souvent on ne paye qu'un nom. C'est une grande erreur : les tableaux d'un même maître, selon leurs qualités, se vendent soit par cent francs, soit par mille.

[1] Ne peut se dire expert celui dont les études ne l'ont pas mis à même d'établir d'une manière positive tous ces points. Difficulté d'autant plus grande que souvent des imitations et des copies ont été faites par des artistes fort habiles.

Le Directeur des restaurations.

Le directeur des restaurations doit être au moins un peu expert; ses connaissances doivent être plus étendues que celles du restaurateur, son opinion étant d'une grande importance dans les décisions à prendre relativement aux travaux à exécuter. Il devra être choisi parmi les plus habiles restaurateurs, c'est l'une des conditions expresses; mais l'une de ses qualités essentielles, est celle de directeur. Conduire des travaux, savoir utiliser des artistes de talents divers, et leur attribuer à propos et dans leurs moyens les différents travaux qui leur sont propres, n'est pas chose que tout homme puisse faire.

Des Restaurateurs.

Au moment où toute une coterie sans respect humain attaque un corps d'honorables artistes, vouloir en quelques lignes démontrer leurs mauvaises passions ou leur ignorance serait au-dessus de mes forces : je ne l'entreprendrai donc point. Mais je me servirai des opinions qu'ils ont émises pour faire comprendre le talent et les qualités du restaurateur.

La restauration a son métier qu'il faut connaître; ce n'est qu'en l'exerçant longtemps qu'il est possible de faire une foule d'observations qui constituent le praticien en ce genre. Ses procédés sont connus de tous. Nul secret ne s'y rattache. Le talent seul de l'artiste établit la bonne ou la mauvaise restauration.

Les feuilletonistes et beaucoup d'artistes prétendent que les restaurateurs repeignent tous les tableaux. Ils seraient dans le vrai s'ils jugeaient de la restauration au château de Fontainebleau. Mais ce sont vos confrères, messieurs les peintres, qui ont fait ces restaurations, et ont détruit ainsi les œuvres de leur maître.

Le talent du restaurateur consiste au contraire à réparer sans repeindre; ramener l'harmonie d'un tableau avec le moins de travail possible : voici le problème de la restauration. Et ce but a été si bien atteint, que plus d'un connaisseur, même très-expérimenté, accepte comme purs des tableaux restaurés, et parfois très-malades.

Le journal *La Presse* lui-même, après avoir traîné dans la boue un vieillard, homme de talent, sur sa restauration inachevée de l'André del Sarto, n'est-il pas venu vanter la pureté d'un tableau tout refait par le même homme? s'extasiant sur l'effet d'une certaine nappe entièrement faite de sa main! — Puis pour conclure il vient vous dire : Mieux vaut laisser périr le maître que le confier aux mains de tels vandales.

Supposons que j'accepte que l'André del Sarto soit très-malade, ce que je nie formellement; qu'il n'y eût même parmi les restaurateurs du musée aucun homme capable? s'ensuivrait-il qu'il ne puisse s'en trouver ailleurs?

Les hommes de mérite en ce genre sont fort rares comme en toute chose, et pour les découvrir il faut un concours un peu mieux entendu que celui qui s'exécute en ce moment au Louvre.

En un mot, la restauration est un talent spécial, de nuances diverses, dont l'utilité ne peut être contestée que par ceux qui n'ont aucune espèce de notions sur cet art. Par lui, vous pouvez obtenir la conservation d'un tableau jusqu'aux siècles les plus reculés. Sans son secours, avant dix ans vous aurez perdu pour trois ou quatre millions de tableaux dans le Musée. Par exemple, le tableau du Claude, le Campo Vaccino, commence à se lever. S'il n'est enlevé immédiatement, avant un an, ce tableau qui vaut aujourd'hui de 100 à 120,000 francs, n'en vaudra plus peut-être que 2,000. Bien d'autres demandent aussi de prompts secours. Que l'administration diminue le nombre de ses dorures qui font pâmer d'aise le *National*, et qu'elle pense qu'avant tout, son mandat est de conserver les richesses de la nation.

CONCLUSION.

L'organisation des musées, telle que l'Empire l'avait conçue, est l'une des grandes nécessités du moment, si l'on ne veut voir périr l'une des branches les plus florissantes du commerce parisien, déjà bien ébranlée par l'espèce d'anathème que l'ancienne administration a lancé sur elle, et que les nouveaux venus cherchent à maintenir et à étendre de tout leur pouvoir.

Ne sait-on pas que les rapports qui existent entre les spéculateurs et les amateurs reposent tous sur la moralité et les connaissances des premiers? Qu'en prétendant que ni l'une ni les autres n'existent chez eux, l'on décapite cette industrie. Que si nos compatriotes, hommes d'étude et de goût, ne s'emparent pas de la confiance de nos amateurs, les étrangers viendront récolter les millions que nos curieux dépensent chaque année.

Ne sait-on pas que ces mêmes étrangers ne manqueront pas de se servir de ces accusations afin d'éloigner de nous les amateurs de leur pays?

Messieurs les artistes en s'y associant jouent en cela le rôle de l'ouvrier qui demande l'abolition du boutiquier! Qu'ils réfléchissent donc que sans la spéculation, leur fortune, leur réputation, seraient livrées aux mains du feuilletoniste qui n'a que son goût pour les soutenir, et que l'entraînement des novateurs rend très-changeant. Qu'ils n'oublient pas non plus que l'homme consciencieux d'un mérite réel n'est même pas à l'abri de sa plume.

Aux spéculateurs on doit la formation de bien des cabinets. Ce sont eux qui le plus souvent développent le goût des amateurs. Tel capitaliste qui aujourd'hui possède une collection n'avait d'abord pensé qu'à meubler ses appartements. Combien d'entre ces heureux, qui, fatigués des faux plaisirs du monde, et à la recherche de jouissances plus calmes, sont initiés par eux aux délices des arts ! En secouant leur léthargie, ils firent place à des désirs actifs excités par l'enthousiasme que fait naître la vue des chefs-d'œuvre sagement ménagée. Les spéculateurs ont été pour la plupart vos camarades. Restez amis : l'accord entre vous doit profiter à tous deux.

Dans les siècles passés, l'artiste possédait sa collection de tableaux, comme le poëte sa bibliothèque. Il cherchait à s'entourer des œuvres de ses maîtres de prédilection. C'était de son atelier que sortaient les chefs-d'œuvre qui devaient former les cabinets des amateurs. Tous alors possédaient des connaissances spéciales en curiosité, car ils s'en occupaient ; mais aujourd'hui vous marchez avec les idées du jour; vous préférez les moellons, les rentes : ne soyez donc point surpris si les hommes qui ont consacré leur jeunesse à l'étude des anciens maîtres les connaissent mieux que vous. Respectez leur savoir, et les premiers ils vous aimeront et vous soutiendront.

Après Février on a crié bien haut : Plus de privilégiés ! Economie ! Économie ! Les concours ! les concours ! Travailleurs, nous avons tout accepté. Cependant les emplois furent donnés sans examen. Il est vrai que les employés ne se considéraient pas comme placés définitivement, ils le disaient du moins. Mais bientôt ce fut un fait accompli, et l'on ne mit au concours qu'un très-mince diplôme de restaurateur, concours qui doit employer quatre mois de travail sans aucune indemnité, sans même la promesse des travaux à l'avenir! l'administration se réservant l'usage de ses créatures.

Ces employés ont pensé probablement que plus ils seraient nombreux, plus ils seraient forts : aussi ont-ils créé le plus d'emplois possibles, en excluant, bien entendu, tous ceux qui pouvaient, par des études spéciales, faire ressortir leur nullité. On fit rapports sur rapports, afin de prouver que tous les experts, amateurs, restaurateurs, qui avaient précédé ces messieurs, étaient des ignorants. Enfin vint le quart-d'heure de Rabelais. On avait parlé bien haut d'économie, et la dépense était doublée. Cependant la chambre rognait les budgets, il fallait passer sous sa férule. Ces messieurs se présentent devant la commission avec l'aplomb qui les caractérise, non avec l'organisation de Louis-Philippe, mais avec celle qu'ils avaient créée. Aussi voyons-nous que des quatre commissaires-inspecteurs à 6,000 fr. d'appointements, la commission, croyant faire merveille, en supprimait deux.

Examinons quels sont les reproches adressés par ces messieurs aux experts qui ont constitué le Musée. Ils prétendent qu'ils ont oublié dans les greniers tout un musée de chefs-d'œuvre, et pour le prouver ils nous exhibent un détestable Jordaens, *le Jugement dernier*, deux prétendues esquisses du Tintoret au-dessous du médiocre, et un grand Paul Veronese qui comme le cheval de Roland possède toutes les qualités ; mais malheureusement il a cessé de vivre. Puis un Vanloo qui a été tiré d'un grenier, c'est vrai, non par eux toutefois, mais bien par l'un des princes de l'appartement duquel ils l'ont extrait. Qu'y a-t-il encore ? Rien, absolument rien. Si : un portrait de Rigaud. Quelle trouvaille ! Autre preuve ; le dernier catalogue est détestable: les fautes de rédaction, d'attribution y foisonnent. En cela ils ont raison. Mais ce qu'ils ignorent, c'est que nous le devons, non aux experts que l'on ne consultait déjà plus, mais à la bureaucratie qui empiétait déjà fortement sur les attributions d'autrui, n'ayant rien à faire pour son compte. Si ces derniers avaient copié exactement les catalogues des experts, ils auraient vu, page 14, notice de l'an VII, que le portrait de Lebrun est bien donné à Largillière et non à Lebrun comme dans le dernier catalogue, etc., etc. Quant aux ex-restaurateurs du Musée, ces messieurs se chargeront de leur répondre; mais qu'ils n'oublient pas qu'ils ont exposé et livré à la publicité l'un des secrets de notre galerie. Qu'en cette matière la discrétion doit être l'une des vertus des administrateurs. Car en dépréciant nos chefs-d'œuvre ils détruisent une richesse nationale. Et d'abord qu'ils prouvent que ce tableau est gâté. L'avaient-ils examiné avant? Qui leur prouve qu'une restauration ancienne n'était pas sous les vieux vernis? Puis, avant de prétendre qu'un travail est mal fait, il faut le laisser achever. Dans tous les cas, ils devaient respect au Musée et indulgence à un vieux serviteur.

Leur grand titre de gloire, c'est le classement des tableaux. L'ordre par école n'était-il pas établi avant? Il est vrai qu'un tableau noir ne se trouvait jamais à côté d'un clair, un rouge près d'un vert. C'est qu'en principe, les tableaux classés sans art se détruisent les uns les autres, et qu'un homme expérimenté doit le prévoir. Aussi est-ce à quoi ils ont oublié de penser. Puis les maîtres les plus rares, les plus estimés, n'étaient ils pas tous casés en évidence? Il est vrai qu'ils ont fait à peu près tout le contraire; chacun a sa manière de voir, moi je crois l'autre la meilleure.

Ma conclusion est celle-ci : Napoléon avait parfaitement et sagement organisé l'administration des musées. Cette organisation s'est usée sous les différents gouvernements ; elle avait presque disparu sous Louis-Philippe. Des novateurs ont prétendu faire du nouveau en parodiant les décrets du ministre Rolland, c'est-à-dire en nous ramenant à l'enfance de cette organisation. Que si elle eut un résultat heureux, ce résultat n'est dû qu'au mérite personnel des hommes qui composaient sa commission. C'est pourquoi, moi, mes amis, nous demandons que le système de l'Empire soit rétabli. Que tous ces emplois honorifiques soient dévolus aux hommes qui s'en seront rendus dignes par leur savoir et leurs vertus.

www.ingramcontent.com/pod-product-compliance
Ingram Content Group UK Ltd.
Pitfield, Milton Keynes, MK11 3LW, UK
UKHW021028260726
13994UKWH00005B/2017

9 782329 330907